LES DEUX DÉMOCRATIES

RÉPUBLIQUE—EMPIRE

PAR

LÉONCE DUPONT

> *Mon nom est un symbole d'ordre, de nationalité, de gloire, et ce serait avec la plus vive douleur que je le verrais servir à augmenter les troubles et les déchirements de la patrie. Pour éviter un tel malheur, je resterais plutôt en exil. Je suis prêt à tous les sacrifices pour le bonheur de la France*
>
> LOUIS NAPOLÉON-BONAPARTE
>
> *Londres, le 14 juin 1848.*
>
> (Lettre au Président de l'Assemblée Nationale)

PARIS

DENTU, LIBRAIRE-ÉDITEUR

17 ET 19, GALERIE D'ORLÉANS (PALAIS-ROYAL)

—

1878

LES DEUX DÉMOCRATIES

RÉPUBLIQUE-EMPIRE

PAR

LÉONCE DUPONT

> *Mon nom est un symbole d'ordre, de natio-*
> *nalité, de gloire, et ce serait avec la plus vive*
> *douleur que je le verrais servir à augmenter*
> *les troubles et les déchirements de la patrie.*
> *Pour éviter un tel malheur, je resterais plu-*
> *tôt en exil. Je suis prêt à tous les sacrifices*
> *pour le bonheur de la France*
>
> LOUIS NAPOLÉON-BONAPARTE
>
> Londres, le 14 juin 1848
>
> (Lettre au Président de l'Assemblée
> Nationale)

PARIS

DENTU, LIBRAIRE-ÉDITEUR

17 ET 19, GALERIE D'ORLÉANS (PALAIS-ROYAL)

—

1878

LES DEUX DÉMOCRATIES

RÉPUBLIQUE-EMPIRE

Nos discordes politiques procèdent toutes de l'antagonisme qui existe entre les deux formes de la démocratie, entre les deux manières de comprendre et de pratiquer la souveraineté populaire. Tous les régimes intermédiaires ne peuvent avoir et n'ont, en effet, qu'une valeur relative et une durée passagère. Dans les essais vainement prolongés auxquels nous ont fait assister les groupes parlementaires dont l'influence fut, un moment, prépondérante, il faut voir l'effort impuissant des systèmes qui n'ont point le suffrage universel pour base et la démocratie pour objet. Après s'être retournés dans tous les sens et s'y être repris de toutes les manières, ils se sont éliminés les uns après les autres ; on pourrait même dire les uns par les autres. Les dernières manifestations du suffrage universel n'ont guère laissé en présence que le parti de l'Empire et le parti de la République.

Il y a huit ans, la République se substitua au régime impérial. L'acte du 4 Septembre 1870 fut, avant tout, pour les républicains, la revanche de l'acte du 2 Décembre 1851. Le 2 Décembre avait donné un brusque dénouement à la République de 1848 ; le 4 Septembre donna un dénouement non moins brusque, mais plus doux et plus humain dans la forme, à l'Empire issu du coup d'Etat.

Quelques différences, cependant, sont à noter entre ces deux événements : le premier s'accomplit, sans aucun préjudice réel, pour la démocratie; il s'appuya même sur une restitution du droit électoral atteint, dans son principe, par la loi restrictive du 31 mai 1849 ; il fut immédiatement suivi d'un appel fait au pays par l'auteur du coup d'Etat; favorisée par les victoires des Allemands, l'entreprise du 4 Septembre, détruisit l'œuvre tout entière du suffrage universel; elle fit échec au droit démocratique représenté par les assemblées électives, et soumit le pays, six mois durant, à la dictature révolutionnaire.

Ce n'est pas non plus par le vote de déchéance, consacrant, de propos délibéré, les usurpations du 4 Septembre et visant à faire la place nette pour un établissement monarchique, que le droit démocratique put se trouver satisfait; il reçut une faible compensation de l'avénement de M. Thiers à la présidence d'une république qu'aucun acte légal n'avait reconnu. Où l'on vit ce droit le plus outragé et le plus gravement compromis, ce fut dans la guerre civile du 18 mars 1871.

En réalité, la première satisfaction sérieuse, le premier hommage qui lui furent rendus lui vinrent de la déclaration opposée par l'empereur Napoléon III au vote de déchéance de l'Assemblée de Bordeaux. Dans ce document daté de Willemsohe, l'Empereur avait su tirer bon parti de la faute que la République avait commise en ne se plaçant point tout de suite sous le patronage du suffrage universel; il avait déclaré, en substance, qu'un gouvernement, fondé sur le plébiscite, ne pouvait être modifié ou supprimé que par un plébiscite. Napoléon III en appelait, avec raison, du vote de l'Assemblée au suffrage direct du pays. Par ce manifeste, il institua, pour ainsi dire, la forme particulière sous laquelle devait se produire, dans le présent et dans l'avenir, l'opposition que ses partisans auraient à faire, soit à la République, soit à toute forme de gouvernement qui viendrait à s'établir en dehors des pratiques plébiscitaires; de telle sorte qu'il n'y eût pas à proprement parler un parti d'impérialistes comme il y avait un parti de royalistes, un parti d'orléanistes, un parti de républicains; la conception de l'Empereur créa le parti de l'Appel au peuple.

La promptitude que mit Napoléon III à rallier ses partisans ne laissa pas que de jeter quelque trouble dans les rangs de ceux qui l'avaient renversé; la démocratie républicaine comprit le danger qu'une pareille attitude pouvait lui faire courir dans un pays de suffrage universel; on allait même jusqu'à se demander si le parti qui osait en appeler directement à la nation n'était point le seul, en effet, à qui la nation fût encore disposée à constituer une majorité. Toujours est-il que, dans les divers groupes politiques dont la coalition avait prononcé la déchéance de la dynastie impériale, il ne s'en trouva pas un seul qui osât relever l'espèce de défi que l'Empereur captif, leur avait porté; ils répudièrent tous, en principe, une consultation directe du pays; plutôt que de courir les risques d'une pareille épreuve, ils préférèrent attribuer des pouvoirs souverains et même constituants à l'Assemblée, dont les préliminaires de Versailles délimitaient les attributions et restreignaient le mandat.

En même temps qu'il proclamait, en face de ses adversaires, l'autorité suprême de la nation, l'Empereur reconnaissait la nécessité de relever le plus promptement et le plus énergiquement qu'il était possible les erreurs que, depuis six mois, l'on avait soin de répandre pour égarer l'opinion. C'est pourquoi, il encouragea de son mieux les écrivains, rares encore, qui voulurent bien se prêter à cette propagande; il leur fournit les moyens de rédiger et de publier de petits écrits qui roulèrent d'abord exclusivement sur les responsabilités de la guerre de 1870. Ces écrivains s'attachèrent à faire ressortir, aux yeux du peuple, que l'attentat du 4 Septembre était surtout dirigé contre lui; que, s'il avait été funeste à la dynastie, cet attentat n'avait pas été moins funeste à la France dont il avait méconnu les droits et aggravé les malheurs.

C'est ainsi que, entre les mains de Napoléon III, le parti de l'Empire cherchait à reprendre sa tradition. Il dut, à l'habile et ferme revendication du principe qui était sa raison d'être, de retrouver, six mois après sa chute, une faveur inespérée et de donner de l'ombrage à ses adversaires. Ceux-ci trahissaient leurs craintes par un redoublement d'outrages et par des persécutions que l'état de siége autorisait M. Thiers à exercer tantôt contre les personnes, tantôt contre les journaux. Par l'arrestation de M. Rouher à Boulogne, de M. de Cassagnac dans le Midi, par l'expulsion arbitraire du prince Napoléon, ce chef d'Etat donna même à quelques partisans du régime déchu l'illusion que sa restauration, pour lui sembler si redoutable, ne devait pas être d'une réalisation bien difficile.

Le fait est que, sous M. Thiers les affaires de l'impérialisme ne furent pas en trop mauvaise voie. Dans le Parlement même, avec les sept ou huit adhérents avoués que l'Empire y comptait et qui n'y faisaient pas grand bruit, sa situation n'était point désespérée. Il avait le bénéfice de l'absence ; il était comme un accusé que l'on juge et que l'on condamne sans l'entendre. La question fut même posée alors, dans les conseils de Chislehurst, de savoir s'il ne convenait pas aux impérialistes de se tenir éloignés d'une Chambre qui avait voté la déchéance, et dont ils n'avaient à attendre que des injustices et des violences. Ce ne fut point l'avis qui prévalut.

<hr>

M. Rouher, qui venait d'entrer en scène, jugea que l'Empire reprendrait plus facilement du crédit en allant chercher ses ennemis sur leur propre terrain et en les combattant avec les armes qu'ils avaient eux-mêmes choisies. L'ancien ministre de la parole se sentait en état d'engager cette lutte ; il avait, en effet, des raisons de penser qu'il y pourrait obtenir quelques avantages et que, dans tous les cas, sa personnalité y prendrait une importance que la politique des complots et des conspirations ne lui eût point donnée. L'Empereur, du reste, fut, sur ce point, du même avis que son fidèle conseiller ; sans craindre de porter atteinte à sa déclaration de Willemsohe, il engagea ceux de ses amis, qu'il crut en position de réussir, à tenter la chance de l'élection. Quant à M. Rouher, pour ne pas perdre un temps précieux et risquer un échec qui eût diminué son prestige, il alla se présenter en Corse, où M. Séverin Abbatucci, député de ce département, fut invité à lui céder la place.

L'entrée de M. Rouher dans l'Assemblée de Versailles fut considérée, avec raison, comme un événement qui ne manquait point d'importance. M. Thiers eût bien voulu l'empêcher, et c'est une justice à lui rendre qu'en suscitant, en Corse, la candidature de M. Pozzo di Borgo contre la candidature du principal homme d'Etat de l'Empire ; en envoyant, sur les lieux mêmes où se livrait la lutte électorale, un commissaire extraordinaire porté sur des vaisseaux de guerre ; en déchaînant contre le candidat impérialiste le plus formidable appareil dont la candidature officielle se soit jamais entourée, M. Thiers avait fait tout ce qu'il était en son pouvoir et même au-delà. Il avait ainsi ménagé à M. Rouher l'effet d'une rentrée retentissante ; il lui avait assuré, dans le parti renaissant de l'Appel au peuple, la prépondérance que l'ancien vice-empereur avait toujours su garder durant le règne de Napoléon III.

Pour si machiavélique qu'on le suppose, M. Thiers assurément ne visait point à ce but ; on peut lui prêter l'intention d'avoir favorisé les fantaisies parlementaires et les revendications pécuniaires des princes d'Orléans pour aider au discrédit de prétendants qui lui faisaient ombrage ; mais rien n'autorise à penser que le chef du gouvernement de la République française ait pressenti, dès cette époque, que M. Rouher pût être nuisible à la cause qu'il venait défendre.

Une conjecture plus probable et qui s'accorde beaucoup mieux que toute autre avec le caractère bien connu de M. Thiers, c'est que celui-ci poursuivait, en M. Rouher,

l'assouvissement de rancunes et de jalousies toutes personnelles. Cet antagonisme remontait à ces séances du
Corps législatif où M. Thiers avait toujours pour adversaire l'ancien ministre d'Etat. M. Thiers supportait dif-
ficilement celui qu'il tenait, à tort ou à raison, pour
son plus redoutable rival. Il ne pardonnait pas surtout à
M. Rouher d'avoir quelquefois paralysé son opposition
dans le Corps législatif et même de lui avoir manqué
d'égards, en telle circonstance qu'il rappelait avec amer-
tume. De son côté, M. Rouher professait pour M. Thiers
des sentiments particulièrement hostiles. Il lui en voulait, sans doute, de l'opposition qu'il n'avait cessé de
faire à l'Empire et de la part qu'il avait prise à sa chute;
mais sa répugnance pour le chef de la République n'é-
tait pas exempte non plus de ressentiments personnels ;
il lui gardait une violente rancune des propos qu'il avait
tenus et surtout des avanies récentes qu'il lui avait atti-
rées en faisant surveiller son arrivée à Boulogne-sur-Mer.

Si M. Thiers n'aspirait qu'à se venger de M. Rouher,
on ne sera pas bien éloigné de la vérité en disant que M.
Rouher, de son côté, pensait peut-être un peu trop à se
venger de M. Thiers. Cette préoccupation personnelle
cependant, ne se manifesta pas tout d'abord ; si grande
que fût l'importance que le nouveau député de la Corse
s'était acquise, son action restait toujours subordonnée à
la direction que l'Empereur, du fond de son exil, imprimait
encore à la politique de ses partisans. M. Rouher se serait
bien gardé de laisser voir qu'il pouvait exister une chose
qui lui tint plus à cœur que l'intérêt de l'Empire et
qu'un sentiment pouvait dominer en lui l'affection, très
réelle d'ailleurs, qu'il avait pour Napoléon III. C'est à
des manifestations de cette affection, répétées à propos,
que, dans les jours de prospérité, M. Rouher avait cru

nécessaire de recourir pour conserver son crédit ; il en voulut user de même dans les jours de malheur.

L'effort le plus méritoire et le plus heureux qu'il s'imposa et qui marqua, d'une façon fort brillante, sa prise de possession de la tribune de Versailles, ce fut la réponse qu'il fit au discours un peu déclamatoire de M. le duc d'Audiffret-Pasquier sur l'affaire des marchés de la guerre. Il fallut à M. Rouher une force oratoire extraordinaire et un grand empire sur lui-même pour parvenir à se faire écouter d'une Chambre qui, depuis un an, s'était accoutumée à outrager impunément l'Empire ; il affronta une véritable tempête et sut la dominer assez pour faire entendre à l'Assemblée et à la France entière la première démonstration des calomnies dont les républicains et les partis monarchistes ne craignaient point de charger leurs consciences. Ce discours eut un immense retentissement ; il fallut, pour en diminuer l'effet, que la Chambre exagérât le succès qu'elle réservait, de parti-pris, à l'orateur que M. Rouher avait combattu ; elle fit au duc d'Audiffret-Pasquier, ce piédestal de convention d'où il a pu s'élever jusqu'à la présidence du Sénat, et d'où il atteindra peut-être jusqu'à l'Académie.

Après ce combat parlementaire, M. Rouher ne pouvait manquer d'attirer à lui les égards et la reconnaissance de tous les impérialistes. Napoléon III le remercia chaudement, et fut plus disposé que jamais à lui donner sa confiance. Pendant tout le cours de l'année 1872, tant que s'exerça la salutaire et sympathique surveillance de l'Empereur, M. Rouher put paraître l'homme le plus capable de tenir tête à ses adversaires, de les combattre dans l'opposition non moins efficacement qu'il les avait combattus lorsqu'il était au pouvoir.

Tout ce qui se passait, d'ailleurs, contribuait à rendre aux bonapartistes une certaine assurance : ils voyaient M. Rouher très empressé à rechercher quiconque, de façon ou d'autre, dans la presse ou ailleurs pouvait lui servir d'auxiliaire ; il avait pour certains journalistes des prévenances surprenantes. Chez lui, tout le monde était bien accueilli ; chaque bonne volonté, chaque effort, chaque sacrifice excitait de la reconnaissance ; pour plaire alors à la famille Rouher, il suffisait de regretter l'Empire, de désirer son retour et d'être prêt à y contribuer dans la limite de ses forces.

Aussi, peut-on dire que cette année 1872 fut, pour les fidèles du régime déchu, la plus féconde en consolations et en espérances ; ils eurent quelques succès électoraux qui créèrent, à la Chambre, le petit noyau de députés d'où sortit le groupe parlementaire que nous voyons aujourd'hui dans son plus bel épanouissement. Quelques procès maladroitement engagés contre des personnages ou contre des journaux du parti vaincu tournèrent à l'avantage de ce dernier, témoin l'affaire de M. Janvier de la Motte, ancien préfet de l'Eure, traduit en Cour d'assises comme concussionnaire et acquitté avec éclat.

Il faut dire aussi que ce qui favorisait le plus la cause de l'Empire, c'étaient les fautes commises par les maîtres de la République. M. Thiers et son gouvernement commençaient à manquer de prestige ; il n'y avait plus, dans l'Assemblée, de majorité réelle pour l'homme en qui tous les conservateurs avaient placé leur confiance et qui, déjà, leur avait donné assez de déceptions pour leur devenir suspect. M. Thiers était emporté vers la politique des gauches ; il promettait à celle-ci la République en échange du pouvoir et n'obtenait, pour prix de cette transaction, qu'un appui conditionnel, capricieux et des plus aléatoires. Sans doute, M. Thiers avait assez bien conduit la libération du territoire ; mais, au moment où s'accomplit l'emprunt qui servit à compléter la rançon de cinq milliards, tout le monde n'eut pas, pour cette opération financière, l'admiration sans mélange que les républicains lui vouèrent plus tard.

On n'était ni fier, ni tranquille. L'armée ne trouvait point pour sa dignité de suffisantes garanties dans les soins affectés dont l'entourait le chef de la nouvelle République ; elle n'était pas aussi flattée que M. Thiers se l'imaginait d'être passée en revue par un *civil* et d'être barraquée, tant bien que mal, dans les bois de Rocquencourt et de Satory. Fort peu de gens pouvaient croire à la solidité d'un régime qui ne semblait en état de s'appuyer ni sur une majorité dans le Parlement, ni sur aucune des grandes forces conservatrices qui sont la base essentielle de tout gouvernement. La fin du règne de M. Thiers était dans les prévisions de tout homme politique un peu clairvoyant.

Il ne venait à l'esprit de personne que la République pût survivre à l'homme pour la satisfaction de qui elle semblait avoir été maintenue. Il n'y avait donc pas un parti dans la majorité qui, en voyant décroître le crédit de M. Thiers, ne prît des dispositions pour recueillir sa succession.

C'était la prétention des légitimistes aussi bien que la prétention des orléanistes ; leurs groupes réunis formaient la véritable majorité dans l'Assemblée nationale et rien ne devait paraître plus facile à ceux dont le concours avait constitué la République provisoire et l'*essai loyal* que d'y mettre fin pour fonder un établissement plus en rapport avec leurs convictions et avec les intérêts du pays. Les plus découragés, au moment où ces complots se formaient, c'étaient assurément les républicains ; tout concourait à les rendre suspects et impopulaires. Il fallait à quelques-uns d'entre eux une grande perspicacité pour prévoir que de si légitimes disgrâces pouvaient être, un jour, effacées par les divisions mêmes des conservateurs et que certain parti userait de la République, comme M. Thiers en avait usé, uniquement pour exercer le pouvoir et le tenir à l'abri des compétitions rivales ; mais, dans les derniers mois de 1872, le plus grand nombre des républicains ne voyait pas de si loin et ne savait pas encore le parti qu'il pourrait tirer de pareils adversaires.

Les impérialistes eux-mêmes eurent la pensée qu'ils pouvaient profiter des circonstances et remettre l'Empire debout sur les débris de la République de M. Thiers. Tandis que se nouaient, à Versailles, toutes sortes d'intrigues parlementaires pour assurer le retour du comte de Chambord ou pour relever, par un procédé quelconque, l'établissement orléaniste renversé en 1848, il ne semblait pas impossible aux impérialistes de ramener à Paris l'Empereur Napoléon III. On a raconté que ce dessein fut mis à l'étude et froidement examiné par l'Empereur lui-même qui ne le trouva point trop téméraire.

Un événement, des plus douloureux changea le cours des choses. Le 9 janvier 1873, l'Empereur Napoléon III mourut. Dieu ne jugea point que la France dût échapper aux expériences qui se préparaient et par lesquelles le pays allait se convaincre s'il pouvait être mieux gouverné par la République qu'il ne l'avait été par l'Empire.

Le deuil de la famille impériale changea complétement les conditions politiques du parti napoléonien ; il ajourna indéfiniment ses espérances. La mort lui ravit l'homme qui seul inspirait assez de respect, qui avait assez de sympathies, assez d'autorité sur les chefs de l'armée, sur les anciens fonctionnaires et sur tous les membres de sa famille pour bien tenir son parti et pour conjurer les actes d'indiscipline que devait faire éclater la minorité du Prince impérial.

Lorsque l'Empereur expira, son fils achevait à peine sa seizième année ; il ne fallait point songer à mettre cet enfant sur le trône. La régence n'avait pas été organisée en vue des circonstances où l'on se trouvait ; le sénatus-consulte qui en réglait les conditions la confiait à l'Impératrice ; si l'Empereur eût été enlevé dans l'exercice de son pouvoir, cet arrangement eût peut-être semblé praticable ; mais, dans les conditions que la révolution et l'exil faisaient à la dynastie, il ne l'était guère. Comme, d'un autre côté, il fut évident pour tous que l'Impératrice n'eût jamais consenti à se départir de la tutelle de son fils, il fallut modifier de fond en comble le programme du parti impérialiste et substituer à la politique d'action où l'on était sur le point de se lancer, une politique d'observation et d'expectative qui allait mettre la fidélité des uns et la patience des autres à de dures épreuves.

Dans les conseils de famille qui s'étaient tenus à Chislehurst après le décès de Napoléon III, M. Rouher s'était fait la part très belle. Il avait si bien arrangé les affaires, réglé les situations, qu'il se trouvait réunir dans sa main à la fois la tutelle de l'enfant, la régence dévo-

lue à la mère, l'intendance des biens et la direction politique du parti. Il était encore, autant que les circonstances
le permettaient, le vice-empereur.

Il avait la fonction la plus haute que le malheur des
temps, les fautes commises par d'autres et par lui-
même lui permettaient d'avoir. L'importance des services qu'il avait rendus, autant que l'importance de ceux
qu'il pouvait rendre encore, ne lui valut pas seulement
une résidence officielle dans la rue de l'Elysée, et une
manière de cabinet ministériel, avec deux et quelquefois trois secrétaires ; M. Rouher eut encore la satisfaction de voir se grouper autour de lui des personnes
dévouées et empressées, toutes prêtes à l'aider de leur
concours. Dans cet entourage, figuraient, parmi les nouveaux venus ralliés par le malheur, quelques débris du
cortége d'admirateurs que l'ancien ministre d'Etat s'é-
tait composé au temps de sa toute-puissance. Ces derniers
firent revivre, dans le petit ministère de la rue de l'Elysée, les traditions et les passe-temps des jours heureux ;
ils poussèrent le culte des souvenirs jusqu'à maintenir,
dans leurs rapports avec le maître de la maison, les
qualifications honorifiques du langage officiel. Doux et
inoffensif hommage que méritait bien l'homme éminent
qui en était l'objet !

Sans se détourner des intérêts du parti, M. Rouher
ne négligea aucune occasion de s'occuper des affaires
privées de l'Impératrice ; il suivait de près les opérations
de la commission organisée pour la liquidation de l'an-
cienne liste civile et poursuivait, avec une extrême ar-
deur, la restitution du musée chinois. Cette affaire eut
une très grande influence dans la conduite qu'il eut à
tenir à l'égard des membres du gouvernement républicain ; il leur eût accordé bien des choses s'ils eussent

voulu lui faire des concessions sur le musée chinois.

Le désir qu'il avait d'obtenir la restitution de ces richesses contribua peut-être, pour une grande part, à engager le groupe de députés dont il disposait dans la politique du 24 Mai. Il espéra obtenir des adversaires que l'Empire avait dans les rangs de la droite, des facilités qu'il n'avait pas obtenues des adversaires qu'il avait dans les rangs de la gauche.

D'un autre côté, la chute de M. Thiers nous était, à tous, fort agréable ; M. Rouher ne fut point le seul à penser qu'un pareil accident ne fût pas dans les intérêts de la cause qu'il avait mission de faire triompher.

Lorsque, à la suite de l'élection parisienne qui, le 2 avril 1873, assura le triomphe de M. Barodet sur M. de Rémusat, la majorité de l'Assemblée nationale résolut le renversement de M. Thiers, le groupe des impérialistes était de quatorze ou quinze membres. Aux proportions où les élections partielles l'avaient réduite, la majorité ne pouvait dédaigner cet appoint ; elle le rechercha de son côté, tandis que M. Thiers le recherchait du sien. M. Rouher eut donc, un moment, le sort de M. Thiers entre les mains. Ce fut une heure décisive et solennelle d'où pouvait dépendre la destinée du parti et la destinée de la France. Il s'agissait, non d'écouter nos préférences, nos griefs, nos répugnances ; il s'agissait de bien peser les avantages que promettait à la démocratie et à la cause bonapartiste l'alliance avec les uns ou avec les autres. Nous nous rappelons que, dans cette question, nos avis furent très partagés.

Lorsqu'on nous fit entrevoir que M. Thiers aurait pour

successeur le maréchal de Mac-Mahon, la plupart d'entre nous jugèrent que l'arrivée au pouvoir d'un militaire, créé duc et maréchal par l'Empereur, ne manquerait pas de beaucoup avancer nos affaires.

Dans cette entreprise, M. Rouher, il faut le reconnaître, n'eut point des vues différentes de celles qui prévalurent aux yeux du plus grand nombre de ses conseillers et de ses amis. Dès qu'il eut connaissance du projet que l'on avait de renverser M. Thiers, son siége fut bientôt fait ; il n'eut d'autre désir que de contribuer pour sa part à la disgrâce de celui qui représentait, à ses yeux, une double inimitié : l'inimitié contre l'Empire et l'inimitié contre M. Rouher lui-même. Le chef de l'Appel au peuple ne s'arrêta pas un seul instant à l'idée que l'on pourrait profiter de la situation périlleuse où allait se trouver le chef de l'Etat pour le ramener à des dispositions plus conciliantes à l'égard des bonapartistes et de leur dynastie ; le salon de la rue de l'Elysée éclatait, chaque jour, en bruyantes manifestations contre M. Thiers ; ce n'est point là qu'il eût été possible de faire pénétrer des avis qui n'eussent point visé au renversement du Président de la République.

Cependant, d'autres partisans de l'Appel au peuple, moins avancés dans les bonnes grâces de la famille impériale que ne l'étaient M. Rouher et les siens, se souvenaient qu'en 1848, ce même M. Thiers avait été pris déjà de l'ambition de présider la République ; comme la défiance des républicains et la résistance des conservateurs l'avaient empêché de satisfaire cette ambition, il s'était vengé des uns et des autres en favorisant de son mieux la candidature du prince Louis-Napoléon Bonaparte. Le même sentiment qui avait inspiré la conduite de M. Thiers en 1848 ne pouvait-il pas se réveiller en 1873 ? Quelques fins politiques le pensèrent, et des négociations engagées assez adroitement, à l'aide d'intermédiaires discrets, confirmèrent ces prévisions.

M. Thiers tenait, avant tout, à n'être point renversé ; il lui importait beaucoup moins de conserver la République que de conserver le pouvoir, et nous n'étonnerons pas beaucoup ceux qui connaissaient ses véritables sentiments si nous leurs disons que les plus grandes répugnances de M. Thiers n'étaient point pour le parti qu'il poursuivait de ses plus dures paroles. Cet homme d'Etat appartenait à une école qui sait affecter une haine pour en dissimuler une autre plus ardente et plus sincère.

L'intérêt de sa politique lui commandait de fréquentes démonstrations contre l'Empire ; mais ce même intérêt lui désignait comme les véritables ennemis de son pouvoir ces membres de la majorité conservatrice, qui n'entendaient se servir de lui que comme d'un instrument de restauration. Tandis que, à la tribune, il se plaisait à déclamer contre le « régime corrupteur et corrompu, » dans son particulier, il faisait des sorties violentes contre les *ducs* qui menaient la majorité. Il disait qu'ils n'avaient rien de noble et de relevé ; il prétendait que ces personnages représentaient une aristocratie bien différente de celle qu'il avait connue et fréquentée sous le règne de Charles X. Faisant allusion à la soif d'argent dont quelques grands personnages semblaient possédés, et aux alliances étroites qu'ils avaient nouées avec de puissantes maisons de banque, il disait dédaigneusement : « Ce n'est point là une véritable aristocratie, c'est l'aristocratie du *Ghetto.* »

On comprend très-bien que l'homme en qui l'on avait découvert de pareilles répugnances, ne dut pas reculer devant un pacte secret avec les bonapartistes. Il parut disposé, en effet, pour obtenir leurs voix, à prendre l'engagement formel, de soumettre la question du gouvernement à la décision d'un plébiscite.

On se fût aisément entendu sur l'époque où il eût été convenable de recourir à cette consultation populaire. Ceux qui s'employèrent à cette négociation n'eurent pas de peine à faire entrer dans l'esprit de M. Thiers que l'âge du fils de l'Empereur imposait à l'impatience des plus zélés bonapartistes des délais obligés, et que ces délais seraient assez longs pour permettre à l'ambitieux vieillard de ne quitter le pouvoir qu'avec la vie. Celui-ci souriait à ces projets; il se fût réservé, peut-être, de n'être pas plus fidèle aux partisans de l'Empire qu'il ne l'avait été aux partisans des deux monarchies, qu'il avait gagnés, à Bordeaux, par de fallacieuses promesses; mais il eût été sage, peut-être, de comparer la valeur des engagements pris par M. Thiers avec la valeur des engagements que l'on était sollicité de prendre avec les conservateurs de la droite.

Il y a lieu de s'étonner que, dans les conseils de l'Elysée, où l'on redoutait tant une restauration orléaniste, on n'ait pas compris qu'il était plus avantageux de laisser subsister, avec la présidence de M. Thiers, une République qui n'était alors encore qu'une forme du provisoire, que de prêter la main à un établissement monarchique dont la durée eût été indéfinie. Ce fut une erreur et une faute de ne point souscrire au pacte que M. Thiers acceptait, et dans lequel on trouvait, du moins, ce que les alliances suspectes de la droite ne pouvaient ni donner, ni promettre : la sauvegarde du principe de l'Appel au peuple. C'est en vain que l'on réitéra les démarches et les tentatives; personne ne voulut comprendre que, s'il y avait un homme propre à faire cesser la République, et capable de prendre, un jour ou l'autre, l'initiative de sa ruine, c'était celui qui, seul, avait pu la faire accepter. Puisque déjà l'on avait appliqué à M. Thiers l'allégorie du cheval de renfort, il allait de soi que les hommes de révolution, une fois la montée gravie, voudraient se débarasser d'un auxiliaire inutile, et provoqueraient ainsi le cheval éconduit à détruire lui-même tout l'équipage républicain.

M. Rouher ne jugea point que l'intérêt du prince et de la dynastie fût de se prêter à de pareilles combinaisons ; il tint même pour suspects ceux qui les conçurent, et qui pensaient, en les poursuivant, faire œuvre démocratique.

Ce fut donc avec une satisfaction sans mélange que, le 24 mai 1873, le petit groupe de l'Appel au peuple, s'unissant à un petit groupe de transfuges conduit par M. Target, contribua au renversement de M. Thiers et à l'avénement de M. le maréchal de Mac-Mahon, comme Président de la République. Les républicains ne revenaient pas de l'étonnement que leur causait l'alliance des impérialistes avec une majorité qui leur avait témoigné tant de haine, et dont les ambitions ne pouvaient, en aucune manière, s'accorder avec les traditions populaires de la dynastie impériale.

M. Thiers, lui, était excessivement désappointé de voir cette force lui manquer, et, sans doute, en ce moment, regretta-t-il de n'avoir point suffisamment ménagé des personnalités qui pouvaient, un jour, tenir son sort entre les mains. Il comprit, ce que sa longue expérience politique aurait dû lui réveler plutôt, que, dans l'adversaire d'aujourd'hui, il faut toujours se réserver l'allié de demain. Le dépit de M. Thiers éclata dans les dernières phrases du dernier discours qu'il prononça comme chef du pouvoir exécutif de la République ; dans cette péroraison amère, il se vengeait de n'avoir pu conquérir les voix impérialistes, en faisant honte au parti de M. le duc de Broglie de n'avoir pu triompher qu'en les obtenant.

Ceux qui ont assisté à cette mémorable séance de l'Assemblée de Versailles, doivent se souvenir que les impérialistes en sortirent tout radieux; ils se laissaient volontiers complimenter, comme si les honneurs et les profits de la journée eussent été pour eux.

M. Rouher transmit l'expression de sa joie à Chislehurst; de Versailles même, il expédiait des télégrammes qui tenaient, heure par heure, l'Impératrice au courant de la révolution parlementaire qui s'accomplissait en France, présentant ce triomphe comme le réveil du parti de l'Empire qui avait, pour la première fois, l'occasion de reprendre une influence politique, mais en réalité, il eût été bien difficile à M. Rouher, et à nous tous qui pensions comme lui, de préciser les avantages que nous espérions en retirer pour le présent et pour l'avenir.

Dès le lendemain du 24 Mai, on put voir quelle action le groupe de l'Appel au peuple fut appelé à exercer dans le nouvel ordre de choses. On pensa lui faire une part suffisante en donnant le portefeuille des finances à un homme des plus éminents de l'Empire, à l'honorable M. Magne, qui, tout en gardant une fidélité inaltérable au régime qu'il avait servi, n'avait pas cru cependant devoir prendre rang parmi les impérialistes militants. La présence de M. Magne dans les conseils de la République conservatrice était bien, si l'on veut, une garantie que rien ne serait entrepris immédiatement contre les intérêts et les principes de la cause de l'Appel au peuple, sans que les députés qui la représentaient en fussent informés. M. Magne était une sentinelle vigilante mise en vedette pour jeter le cri d'alarme; mais son isolement au milieu des royalistes et des fusionnistes qui composaient la majorité du conseil ne lui permettait guère de rendre des services effectifs à ses amis. S'il en pouvait glisser quelques-uns dans les perceptions et les recettes particulières; s'il pouvait même donner un avis favorable dans l'affaire du musée chinois, comme il était loin du rôle prépondérant qui eût pu rendre un peu de faveur à l'Empire dans le milieu parlementaire où M. Magne était admis !

De leur côté, les autres ministres ne se gênaient en rien pour manifester le désir qu'ils avaient de remplacer la République par un établissement monarchique.

Ils profitèrent de la confiance que les impérialistes leur avaient témoignée, pour préparer ostensiblement la fusion des deux branches de la maison de Bourbon ; ils passèrent les mois de juin, de juillet et d'août à réconcilier le comte de Paris avec le comte de Chambord. Les princes d'Orléans allèrent à Frohsdorff, accompagnés de pèlerins pris dans diverses fractions de la majorité du 24 Mai. On avait formé une commission des *Trente*, où la question d'une restauration monarchique était soumise à un examen et à un débat publics ; ils est inutile de dire que, dans cette commission des *Trente*, aucun des membres du groupe de l'Appel au peuple ne fut accueilli; ils avaient pu sembler de quelque utilité pour se débarraser de M. Thiers, on n'avait que faire d'eux pour assurer le retour de M. le comte de Chambord.

N'avait-on pas assez des adhésions qu'apportaient à la combinaison monarchique ce que l'on appelait alors la conjonction des centres? Telles gens, comme M. Léon Renault, comme tant d'autres, qui sont devenus les plus fermes soutiens de la République, se montraient en ce temps-là prêts à donner leurs voix au descendant de nos dynasties royales. Les bons impérialistes n'avaient qu'à se résigner ou à suivre leur exemple, et c'est en réalité le parti qu'ils avaient pris.

A Paris, dans la rue de l'Elysée, aussi bien qu'à Chislehurst, où on croyait fermement à l'avénement de Henri V, on commençait à se dire tout bas qu'il eût peut-être été mieux de conserver M. Thiers comme président de l'*Essai loyal* que de mettre Henri V sur le trône de France. L'Impératrice, pour se consoler du préjudice que ces événements pouvaient causer à son fils, se flattait de l'espoir un peu trop hypothétique, que la France ne supporterait pas longtemps la royauté qu'on allait lui donner. C'est en vain que les feuilles impérialistes protestaient contre l'abus que l'Assemblée nationale faisait de son pouvoir ; c'est en vain que l'on employait la voix de tous les journaux de province, tributaires de la rue de l'Elysée, à répéter que le droit constituant résidait dans le peuple et non dans une Assemblée élue, *en un jour de malheur*, pour conclure la paix avec les Allemands ; les feuilles légitimistes et orléanistes répondaient, avec une grande sérénité, à leurs alliés du 24 Mai que, si la restauration monarchique avait seulement une voix de majorité, elle serait plus légitime que ne l'avait été le coup d'Etat de Décembre.

Cette restauration cependant ne se fit pas; mais on sait que ce ne fut point par la faute des impérialistes. Le roi lui-même, à qui M. Rouher et ses amis avaient aplani le chemin du trône, eut des scrupules qui, au dernier moment, rendirent stérile tant de bonne volonté. On peut dire que ce fut bien malgré nous que l'héritier de Saint-Louis ne ressaisit pas le sceptre de ses aïeux.

———

Bientôt, le parti de l'Empire se trouva en présence du Septennat. Cette combinaison nouvelle éloignait encore les partisans de l'Appel au peuple des procédés politiques dont l'application leur semblait propre à ramener leur dynastie. Au moyen du Septennat, l'armée fusionniste, battue et coupée par la déclaration de principes de M. le comte de Chambord, ne visait qu'à se reformer; elle voulait se donner le temps de combiner quelque nouvelle manière de ramener en France une monarchie qui ne fût pas l'Empire. Le Septennat était une suite malencontreuse du 24 Mai que le chef des impérialistes n'avait point prévue et qui le surprenait désagréablement. Quoi qu'il en eût, il ne lui fut pas aussi facile de détourner ce calice de ses lèvres qu'il lui avait été facile, en faisant l'appoint de la majorité réactionnaire, de renverser M. Thiers. Ce qu'il avait fait pour ébranler la République la consolidait, et ses alliés du 24 Mai se tournant vers un établissement politique qui leur valut l'adhésion d'un certain nombre de républicains, laissèrent le petit groupe de l'Appel au peuple dans le plus triste abandon, livré aux représailles de tous ses adversaires.

Vainement M. Rouher s'éleva contre l'expédient politique du Septennat; vainement, dans le débat parlementaire qui s'ouvrit, au cours du mois de novembre, sur cette grave question, il paya de sa personne avec une grande vigueur d'argumentation et un certain éclat d'éloquence ; il ne pouvait espérer convaincre des contradicteurs qui obéissaient à un plan bien étudié et bien arrêté d'avance. Le chef du groupe bonapartiste parut même avoir ce jour là une clairvoyance qui, le 24 Mai, lui avait fait complétement défaut; il annonça aux partisans des diverses monarchies, à qui était due l'invention du Septennat, qu'avec cette manière de prolonger une certaine forme républicaine ils jouaient un jeu fort dangereux, et qu'ils entraînaient nécessairement la France à la République définitive.

Enfin, M. Rouher dit tout ce qu'il pouvait dire, et il le dit fort bien. Non-seulement il ne put rien changer aux résolutions de ses adversaires, mais encore il eut la douleur de voir un certain nombre de députés de ses amis se rallier à la majorité qui assurait au pays sept ans de République. La façon dont se repartirent les voix des groupes de l'Appel au peuple montra de combien d'opinions diverses ce groupe était composé, et comme il était peu disposé à observer la discipline que sa faiblesse numérique lui rendait si nécessaire.

Cette déroute ne fut rachetée par le triomphe d'aucun principe ni d'aucun intérêt dont les impérialistes pussent se prévaloir; elle entraîna des disgrâces qui ne tardèrent pas à se produire : le seul ministre qu'ils avaient dans le gouvernement fut en butte aux attaques des gauches ; après avoir soutenu très honorablement le débat parlementaire relatif à l'amortissement de l'emprunt fait à la Banque de France, l'honorable M. Magne sortit du cabinet.

Les gauches républicaines saisirent ce moment pour agiter, devant la majorité conservatrice, que les déceptions du mois de novembre avaient laissée dans un grand désordre moral, le spectre du bonapartisme; elles machinèrent cette prétendue conspiration. basée sur la découverte d'un papier qui avait toutes les apparences

d'une pièce apocryphe et pour laquelle le préfet de po-
lice, M. Léon Renault, se mit en si grands frais d'ima-
gination. De son côté, le député Savary écrivit un volu-
mineux réquisitoire où toutes les petites ostentations
de la rue de l'Elysée furent malicieusement relevées. Les
saisies de papiers, que l'on aimait à collectionner, ré-
vélèrent tout les ressorts de la faible propagande qui se
faisait par la voie des Comités et par la voie des journaux. On connut le chiffre des subventions qui étaient
données, et les écrivains à qui M. Rouher allouait la plus
forte partie des souscriptions qu'on lui versait ; on pénétra le secret de ses prédilections, et l'on apprécia la
valeur des instruments que le bonapartisme employait
pour relever son crédit. Ces révélations ne furent point
suffisantes pour établir le délit d'association illicite.
dont la prétendue trouvaille de M. Cyprien Girerd
avait fait naître l'espoir ; M. Rouher, d'ailleurs, plaida
fort bien sa cause devant l'Assemblée.

Il n'en fut pas moins établi que les impérialistes faisaient quelques efforts pour se reformer ; d'autre part,
ils jugèrent convenable de célébrer, avec un certain
éclat, au mois de mars 1874, la majorité du Prince impérial; ils avaient recruté des voyageurs de toute classe
et de toute condition, qui avaient passé le détroit ;
le fils de l'Empereur s'était montré, entouré des membres de sa famille, ayant M. Rouher à ses côtés, dans un
appareil qui visait à frapper un peu l'esprit des assis-
tants. Le Prince, dans cette circonstance, fit une déclaration de principe, tendant à bien établir qu'il ne
voulait régner que *par le peuple et pour le peuple.* On
avait eu soin, du reste, d'amener, devant l'estrade sur
laquelle il parlait, une certaine quantité de paysans
et d'ouvriers dont la présence semblait témoigner du

concours sympathique que l'Empire pourrait encore trouver dans la classe populaire.

Le sentiment qui se dégagea de cette manifestation et la tendance politique qu'il accusa ne furent guère en harmonie avec l'esprit qui avait inspiré l'alliance des bonapartistes avec les hommes du 24 Mai; la doctrine démocratique de l'Appel au peuple et la tradition napoléonienne s'affirmèrent à Chislehurst, comme elles ne s'étaient jamais affirmées encore dans l'Assemblée de Versailles, par les discours ou par les votes d'aucun impérialiste.

La cérémonie de la majorité eut pour principal inconvénient de servir admirablement les mauvais desseins des ennemis de l'impérialisme et de hâter le vote de la République définitive. La tactique des gauches fut de persuader aux conservateurs de la droite, dont l'impuissance constituante n'était que trop démontrée par vaine tentative de 1873, que la seule manière de couper court au progrès du bonapartisme, c'était de tirer au plus vite la France du provisoire et de la constituer définitivement en République. Les orléanistes furent les premiers à reconnaître que c'était urgent ; pour entraîner d'autres fractions de la droite, il fallut répandre adroitement et mystérieusement la nouvelle que le complot bonapartiste, un moment arrêté par les enquêtes et les réquisitoires, s'était reformé et pouvait éclater d'un moment à l'autre.

Ces moyens de persuasion eurent pour effet de faire voter, par l'Assemblée de Versailles, à la majorité d'une seule voix, le célèbre amendement présenté par M. Wallon. Il résultait de cet amendement que la forme républicaine devait être prolongée au delà du terme fixé aux pouvoirs du Maréchal de Mac-Mahon.

C'est ainsi que la France se trouva mise en République par ceux-là même qu'elle avait choisis pour la préserver de ce régime.

Les bonapartistes se doivent le témoignage que, dans les débats qui précédèrent le vote constituant du 25 février 1875, ils firent de tardifs efforts pour détourner les conservateurs d'une résolution qu'ils considéraient comme funeste aux intérêts du pays. M. Rouher s'y employa de son mieux ; mais, dans cette occasion, aucun orateur ne montra plus d'énergie pour dégager le principe gouvernemental de l'Appel au peuple, que M. Raoul Duval; ce député était considéré comme une nouvelle recrue du bonapartisme; après avoir oscillé entre diverses nuances d'opinion, M. Duval paraissait s'être fixé sur la doctrine de l'Appel au peuple. Il ne s'en montra jamais plus pénétré que lorsqu'il vit la France menacée de la République définitive. Ce jour-là, il acquit des droits incontestables à la confiance et même à la reconnaissance du jeune Prince, qui n'en était pas à négliger de tels concours

M. Raoul Duval était assez bien vu de certaines fractions de la gauche; il avait plutôt l'oreille des groupes républicains que M. Rouher, malgré son immense talent, n'avait l'oreille des groupes conservateurs. Il pouvait faire entendre des vérités qu'aucun autre député de l'Appel au peuple n'eût été en état de porter à la tribune. Il faut dire d'ailleurs que, parmi ces derniers, il y en avait bien peu qui s'inquiétassent, à un degré quelconque, de formuler la doctrine qui les rattachait à l'Empire plutôt qu'à toute autre portion du parti conservateur. De plus, ils étaient assez mal pourvus du côté de la parole. Quand M. Rouher ne parlait pas, le groupe se taisait. M. Raoul Duval arriva donc fort à propos pour apporter quelques notes sonores et justes dans un parti qui semblait avoir recruté ses représentants officiels plutôt parmi les gens qui savent écouter que parmi les gens qui savent se faire entendre.

Nous prendrons bien garde à ne point établir de comparaison entre les talents oratoires de M. Rouher et ceux de M. Raoul Duval; ce sont des talents et des aptitudes différentes qui ne peuvent être appliquées aux mêmes circonstances. Il faut bien reconnaître que M. Rouher n'avait, dans l'Assemblée de Versailles, ni dans les rangs de la droite ni dans les rangs de la gauche, aucun orateur qu'il ne pût facilement dominer; mais il avait, pour les causes qu'il défendait, une situation personnelle qui nuisait parfois aux effets de son éloquence. En plaidant pour l'Empire déchu, il plaidait un peu trop pour lui-même ; à tort ou à raison, il résumait en sa personne une partie de l'impopularité qui pesait sur le gouvernement qu'il avait servi. M. Raoul Duval échappait à de tels préjugés ; il avait sur le chef reconnu de l'Appel au peuple un avantage personnel qui ne tarda pas à se révéler et qui parut menacer un instant le crédit de M. Rouher.

Cependant, on caressait l'espoir que les affaires du parti suivraient un cours moins funeste, qu'elles pourraient s'affranchir bientôt des compromis qui, après avoir aidé à [une restauration monarchique, avaient fini par faire sortir d'une majorité hostile à la République un vote républicain.

———

Par le vote de la Constitution Wallon, l'antagonisme entre le parti impérialiste et la République entra dans une nouvelle phase. Celle-ci acquérait, vis-à-vis des adversaires qu'elle avait dépossédés à la faveur de la guerre, un avantage extrêmement précieux que, jusqu'alors elle avait vainement poursuivi; elle prenait position sur le terrain de la légalité. L'inspiration qu'eut M. Wallon d'introduire son amendement dans le projet de loi achevait de réhabiliter l'opération républicaine du 4 Septembre et semblait donner le coup de grâce à l'Empire. M. Wallon, du reste, ne se défendait point d'avoir voulu atteindre ce double but; il pensait que si l'on arrivait à désespérer les partisans d'une restauration impérialiste, le salut de la France pouvait être assuré.

Plusieurs hommes politiques partageaient cet avis; un certain nombre d'impérialistes crurent aussi que c'en était fait de leur cause et se laissèrent aller à de visibles découragements. Ceux-ci se demandaient si c'était bien la peine de revendiquer toujours l'Appel au peuple, en présence d'une Assemblée souveraine qui se montrait si résolue à s'en passer, et qui décrétait la République par les procédés législatifs en usage pour le règlement du budget ou pour édicter de simples lois d'intérêt local. Le pays ne se formalisait nullement de ces manières d'agir; il acceptait la République du vote de la Chambre, aussi facilement, plus facilement peut-être qu'il n'avait accepté. l'Empire du plébiciste de 1852.

Les impérialistes se retranchèrent sur le terrain étroit et assez incommode que leur laissait la clause de révision introduite, dans la loi constitutionnelle, par les soins d'une majorité, qui ne s'intéressait nullement à l'avenir de leur cause. En admettant, d'ailleurs, qu'elle pût fournir aux partisans de l'Appel au peuple quelque moyen de résistance contre l'envahissement du républicanisme; cette clause fixait à leurs revendications une date lointaine ; elle les livrait, jusqu'en 1880, à un danger que tout le monde n'entrevoyait pas alors, mais qui était le seul danger réel ; il consistait en ce que les majorités électorales sur lesquelles l'Empire s'était fondé, se tournassent vers la République, s'y fixassent comme sur le meilleur équivalent du régime disparu et s'y tinssent aussi longtemps que le prestige d'un nouveau César, arrivant des Pyramides ou débarquant de l'île d'Elbe, ne viendrait pas les en détourner.

Le César ne pouvait venir que de l'Ecole de Woolwich, où le fils et l'héritier de l'Empereur Napoléon poursuivait le cours de ses études ; l'assiduité qu'il montrait au travail, l'émulation qu'il apportait dans ses concours, ses progrès dans les sciences techniques rendaient ce jeune prince fort intéressant ; mais les sympathies qu'il inspirait ne pouvaient suffire pour entraîner une nation hors des voies légales et pour lui faire sacrifier la sécurité relative que lui offraient les faits accomplis aux incertitudes d'un avenir encore très éloigné.

De cette apathie orientale, il résulta une égale indifférence pour toutes les formes de gouvernement qui, en 1876, vinrent solliciter la faveur du corps électoral. Sans être, sous ce rapport, plus mal partagé que les autres, le parti de l'Appel au peuple entra dans la lutte avec de très faibles chances de vaincre. Cette fois encore, il n'était pas prêt. Où étaient ses armes de Combat ? où étaient ses comités dont les enquêtes parlementaires lui avaient fait honneur ? où étaient ses agents ? où en était sa propagande ? La diffusion des petites brochures s'était ralentie ; soit que les auteurs fussent mal encouragés, soit que les sujets fussent épuisés, depuis un an, il ne s'en produisait plus de nouvelles. On avait tout remplacé par de larges commandes à la photographie ; celle-ci répandait à profusion des portraits plus ou moins fidèles du Prince impérial, offerts aux électeurs, avec un *fac-simile* de sa signature ; à côté de ce moyen d'action d'un effet réel, mais limité, le parti impérialiste était bien loin de posséder l'outillage électoral dont les républicains avaient eu soin de se pourvoir. Il lui manquait même le nerf de la guerre. Dans cette entreprise, d'où pouvait dépendre la prochaine réalisation des espérances dynastiques de la famille impériale, on regardait à ne confier des candidatures qu'à des hommes capables d'en supporter les frais.

Qu'on ajoute à ces diverses causes d'infériorité la situation désavantageuse que leur créaient le vote préalable de la République, l'opposition ardente qu'ils y avaient faite, le souvenir toujours exploité contre eux du vote de déchéance rendu par l'Assemblée de Bordeaux, la coalition de tous les partis, sans en excepter les plus conservateurs, se reformant presque partout sur le terrain électoral comme elle s'était formée en toute occasion sur le terrain parlementaire ; on aura l'idée des conditions les plus désavantageuses où puisse se trouver un parti politique à la veille d'une bataille décisive.

Il n'y a pas grand'chose à reprendre à l'esprit qui inspira les professions de foi des candidats de l'Appel au peuple ; ils surent assez bien concilier leur doctrine avec le respect de la légalité et ne s'écartèrent pas un seul moment des convenances et de la mesure que doit ob-

server un parti de gouvernement. M. Rouher a toujours
tenu beaucoup à ce que les hommes de l'Appel au peuple observassent toutes les réserves qui conviennent à
des gens qui sont à la veille de prendre le pouvoir; cette
préoccupation lui venait surtout de l'habitude qu'il avait
de l'exercer, et de la difficulté qu'il éprouvait à penser
qu'il ne dût jamais le ressaisir.

On a sujet de se demander si, pour avoir raison des
résistances obstinées, violentes et souvent injustes que
les impérialistes avaient rencontrées parmi les hommes
de l'Assemblée qui se disaient conservateurs, le parti de
l'Appel au peuple n'eût pas mieux fait, surtout en présence du suffrage universel, de mettre moins d'amour-
propre à garder des allures qui ne le faisaient guère
valoir aux yeux des classes populaires et qui n'empê-
chaient point les classes plus élevées de le repousser.
Une attitude plus décidée, plus militante, une revendication plus sincère des principes démocratiques, que
la doctrine napoléonienne est loin de répudier, n'eussent
fait perdre aux candidatures de l'Appel au peuple aucune
des voix qu'elles obtinrent; elles leur eussent concilié
peut-être, dans les centres ouvriers, une partie des
suffrages que, par un stratagème habilement conçu, certaines candidatures orléanistes surent attirer à elles.
Pour tout dire enfin, dans cette curieuse lutte électorale
de 1876, les impérialistes laissèrent les orléanistes, ca-
chés sous des masques d'emprunt, exploiter le sentiment
démocratique; ils ne surent pas les empêcher de bra-
conner sur leurs terres.

Il est certain que, dans les manifestations d'opinions
qui se dégagèrent, à cette époque, des polémiques et des
professions de foi bonapartistes, on eût cherché en vain
la pure et véritable doctrine napoléonienne. Le Prince

impérial ne crut pas devoir intervenir pour la formuler ; il se tint aussi éloigné que possible du conflit électoral ; il ne s'y mêla, dans l'île de Corse, que pour recommander aux électeurs d'Ajaccio de ne point donner leur voix à son cousin le prince Napoléon Jérôme.

Celui-ci avait eu la fantaisie, ne sachant plus où employer son activité, de se faire ouvrir les portes de la Chambre basse. Dans l'arrondissement d'Ajaccio, le cousin du Prince impérial rencontra M. Rouher pour concurrent, et c'est pour assurer le succès de ce dernier et l'échec d'un prince de sa maison que le fils de l'Empereur fut sollicité de rompre le silence. Ceux-là comprendront peut-être cette intervention singulière qui ont été mis au courant des petites mésintelligences de la famille ; mais le public en éprouva une grande surprise et tout le monde ne jugea point que ce fût bien conseiller le jeune Prince, lorsqu'il avait tant d'autres adversaires devant lui, de lui faire choisir précisément le plus rapproché du trône.

M. Rouher eut la satisfaction de voir que l'intervention du Prince impérial en sa faveur avait amené l'insuccès du prince Napoléon Jérôme ; mais en même temps qu'il triomphait à Ajaccio, le chef du parti de l'Appel au peuple triomphait aussi à Bastia et à Riom ; en optant pour l'élection obtenue dans son pays natal, il laissa le champ libre à son concurrent d'Ajaccio, qui ne manqua point d'être élu, malgré les manifestations contraires dont il avait été l'objet.

Sur d'autres points, les bonapartistes obtinrent des succès de meilleur aloi. Malgré l'insuffisance des moyens dont ils disposaient et la résistance qu'ils rencontraient trop souvent dans le personnel administratif, malgré les réticences qu'ils durent apporter à l'expression de leur opinion, ils réalisèrent des avantages assez marqués pour être assurés que, dans beaucoup de départements, la cause napoléonienne n'était pas aussi délaissée qu'elle avait semblé l'être. En réalité, le suffrage universel se partagea entre les deux formes de la démocratie. Les fractions monarchiques furent moins favorisées dans la répartition des votes. Il resta bien établi que, dans certaines couches populaires du suffrage universel, on ne faisait point trop de différence entre la République et l'Empire. Dans d'autres couches, l'analyse de l'élection révéla que, pour ramener à lui des voix qui, jadis, lui avaient appartenu, l'Empire n'aurait qu'à se restaurer.

Ces diverses démonstrations ne laissèrent point de frapper beaucoup d'esprits; elles auraient dû avoir pour effet d'éclairer la politique des hommes dévoués au parti, de leur montrer non-seulement de quelle force le bonapartisme disposait, mais encore de déterminer le point précis où résidait cette force.

Sous le rapport de l'action parlementaire, le groupe de l'Appel au peuple prenait une extension très sérieuse; il sortait des chiffres humiliants où les élections précédentes l'avaient laissé; désormais, il allait fournir une majorité dans la minorité de droite. Il ne brillait pas trop, cependant, par l'abondance des capacités politiques, mais la spécialité qui lui sembla dévolue consista surtout dans des interruptions multipliées et poussées jusqu'au rappel à l'ordre.

Pour paraître ce que la confiance de la famille impériale, l'estime des bonapartistes et ses antécédents, voulaient qu'il fût, M. Rouher avait besoin de monter lui-même à la tribune. Là, il reprenait vraiment sa supériorité et un réel ascendant; si quelque grave question d'affaires était soulevée, si les débats touchaient aux doctrines économiques, ni dans les droites, ni dans les gauches, ni dans la commission du budget, où figurait ce que la démocratie avait de plus savant et de plus prétentieux, il n'y avait pas, comme M. Rouher, pour éclairer et élever le débat. Il ne discutait pas avec son auditoire, il enseignait. Il avait aussi les formes et la mesure voulue pour résister aux violences et dompter l'outrage.

Pourquoi faut-il que de si belles qualités aient été limitées au rôle oratoire? Le discours n'a d'efficacité réelle que s'il correspond à des actes absolument corrects et bien calculés, dans l'ensemble et dans le détail, pour atteindre un but déterminé. Ce soin qui avait été si bien observé, sous le régime précédent, par tous les adversaires de l'Empire, les impérialistes négligèrent de le prendre à l'égard de la République; ils ne traitaient point les républicains d'après les procédés que ceux-ci avaient mis en honneur. Les républicains s'étaient alliés aux légitimistes; les impérialistes firent tout au monde pour éviter l'alliance des républicains. Leur système consistait à se fier au suffrage universel et à tout attendre de sa justice et de son bon sens.

Du reste, l'esprit qui présidait à la direction du parti de l'Appel au peuple ne prenait guère souci, comme on l'a vu, par les considérations qui précèdent, de chercher ce qu'on pourrait appeler la corde sensible du suffrage universel; si le suffrage universel avait une répugnance, les bonapartistes se mettaient volontiers dans les idées et parmi les hommes qui l'inspiraient; si le suffrage universel avait des sympathies, il était rare que les bonapartistes les plus en vue ne prissent pas à tâche de les combattre.

Ils préférèrent toujours les ennemis de la droite aux ennemis de la gauche, et pensèrent qu'ils se relèveraient plus facilement des échecs que leur ferait subir le parti conservateur qu'ils ne se relèveraient de ceux que leur ferait subir le parti républicain.

Sous l'inspiration de ces croyances, le groupe de l'Appel au peuple qui, depuis les élections de février, avait, lui aussi, ses réunions, vota, dans toutes les questions, avec les députés conservateurs ; au mois de décembre 1876, il fut au premier rang pour renverser le ministère, présidé par M. Dufaure, et ne fit pas attendre à M. Jules Simon et à ses collègues le témoignage de ses répugnances.

C'est pourquoi, le 16 Mai, lorsque le Maréchal de Mac-Mahon prit sur lui de congédier brusquement un ministère qui pouvait encore se prévaloir, dans la Chambre basse, d'une certaine majorité, les députés de l'Appel au peuple se crurent moralement tenus, au même titre que les autres fractions du parti conservateur, de ne refuser à l'initiative du Maréchal, ni leur adhésion, ni leur concours ; ils furent naturellement associés à la formation du ministère de minorité, présidé par le duc de Broglie et à des entreprises dont le but n'était pas bien défini.

A quelques exceptions près. la dissolution ne trouva, parmi les députés et les sénateurs bonapartistes, que des partisans. Sans doute, M. Rouher se laissa entraîner dans ce mouvement avec assez de mauvaise grâce ; il autorisa le journal qu'il inspirait, à faire toutes sortes de réserves et à exprimer cette pensée que, si ses amis se prêtaient aux projets du gouvernement, c'était pour ne point faire défection au parti conservateur avec lequel beaucoup d'impérialistes se croyaient indissolublement liés. M. Rouher faisait dire aussi que les partisans de l'Appel au peuple étaient, avant tout, opposés aux progrès de la démagogie, et il convenait volontiers que, si on ne lui opposait promptement une digue , la démagogie allait déborder de toutes parts. Du reste, il était bien entendu que, si un ou deux membres du cabinet pouvaient n'être point trop éloignés de l'impérialisme, en acceptant leurs portefeuilles, ils avaient agi de leur propre mouvement et sans avoir la prétention de représenter, à titre officiel, le groupe parlementaire de l'Appel au peuple.

Ces réserves, cependant, ne furent point formulées à la tribune; elles ne le furent pas davantage dans un manifeste officiel. Tandis que les trois gauches réunies formaient contre la politique de l'Elysée une coalition retentissante et se posaient devant le pays comme les gardiennes du droit parlementaire et du droit républicain contre lesquels, disaient-elles, était dirigé l'acte du 16 Mai, aucun membre autorisé du parti de l'Appel au peuple n'éleva la voix. Il arriva même à ce parti de fournir quelques agents à l'opération électorale qui avait pour but de détourner la nation des courants qui semblaient prêts à l'entraîner. Des préfets, des sous-préfets, que la chute de l'Empire avait laissés inactifs, furent, pour ainsi dire, réquisitionnés par le cabinet du duc de Broglie. Ce cabinet n'emprunta pas seulement à l'Empire ses instruments, il lui emprunta aussi ses procédés. De telle sorte que, pour la politique du 16 Mai, les impérialistes, n'ayant protesté sous aucune forme authentique, se trouvèrent absolument compromis et soumis d'avance à l'alternative de vaincre avec des alliés qui se fussent appliqués tous les fruits de la victoire ou d'être vaincus par des adversaires impitoyables.

Est-ce à dire que l'intérêt et le devoir des partisans de l'Appel au peuple étaient de se poser en face du cabinet et en face du Maréchal de Mac-Mahon comme firent les trois cent soixante-trois députés de la gauche? Sans doute, par cette attitude, ils eussent été mieux recommandés au suffrage universel, qu'ils ne le furent par la protection des ministres du 16 Mai; mais il faut considérer que, si les bonapartistes de la Chambre se fussent jetés dans le parti des trois cent soixante-trois, les bonapartistes du Sénat n'eussent point voté la dissolution et l'entreprise du 16 Mai avortait. Il en serait résulté, pour les gauches républicaines, un triomphe qui, selon toute probabilité, eût entraîné une crise gouvernementale des plus violentes, fortifié la République et ramené M. Thiers à la présidence.

Ce résultat, facile à prévoir suffit, à lui seul, pour fixer les résolutions des hommes de l'Appel au peuple. Le parti qui, le 24 mai 1873, avait renversé M. Thiers, pouvait-il, en 1877, aider à la restauration de l'illustre vieillard? Ne serait-ce point se déjuger aux yeux du pays? ne serait-ce point perdre, en un jour, le bénéfice des compromissions faites avec les droites, sans être assuré de retirer le moindre avantage de nouvelles et tardives compromissions faites avec les gauches? Les impérialistes donc subirent, en 1877, l'impulsion qu'ils avaient reçue en 1873. Pour ne point favoriser M. Thiers, ils se virent obligés de prendre parti contre une Chambre qui, bien ou mal, représentait la majorité du suffrage universel.

Comment était-il possible, aux partisans de l'Appel au peuple, après s'être ralliés à une majorité de droite, de se rallier à une majorité de gauche ? Il ne leur resta pas la ressource, comme à certains orléanistes, d'opérer une évolution vers la République. Ils ne purent faire autrement que d'aller jusqu'au bout. On les vit s'engager dans une campagne électorale pour le succès d'une politique qui ne les intéressait point directement et qui pouvait leur apporter les plus cruelles déceptions. Sans doute, ils devaient avoir un vif désir de préserver la France de l'anarchie ; mais, en admettant que le succès des conservateurs dans les élections générales eût assuré cet avantage, les bonapartistes avaient sujet de craindre que leur Prince ne fût point appelé à bénéficier du concours que l'on demandait à ses amis. De plus, on obligeait ces derniers à déposer, avant le combat, les armes dont ils s'étaient servis, avec quelque succès, dans les élections précédentes ; ils se laissèrent prendre aussi leur drapeau et marchèrent sous la conduite du guidon que l'administration leur mettait entre les mains.

Dans beaucoup de circonscriptions, le suffrage universel, étonné, les vit se présenter à ses suffrages en compagnie de candidats que, l'année précédente, ils avaient traités en adversaires et qu'ils avaient vaincus ; ils prenaient, de gaîté de cœur, une part de leur impopularité et poussaient l'esprit de sacrifice jusqu'à ne laisser voir ni les espérances ni les programmes qui, en 1876, les avaient fait si bien venir d'un très-grand nombre d'électeurs. Beaucoup de bonapartistes ne pouvaient se faire reconnaître pour tels qu'en adoptant un signe de ralliement ; ils allaient, dans certains domiciles, exhiber des portraits du Prince impérial dont ils n'avaient pas osé prononcer le nom dans leurs circulaires. Quelques électeurs se laissaient convaincre ; mais combien d'autres ces façons mystérieuses mettaient en défiance ! Alors il arrivait, à la plupart des candidats impérialistes, d'être confondus avec des candidats orléanistes ou royalistes et de ne recueillir d'autres suffrages que ceux que le crédit de ces derniers, le prestige du chef de l'Etat ou l'action personnelle du prefet leur pouvait procurer.

L'expérience a prouvé que ces moyens de séduction n'étaient point suffisants et que, s'ils avaient décliné certaines solidarités et secoué certains patronages, les bonapartistes eussent été mieux partagés qu'ils ne le furent dans le scrutin du 14 octobre.

Les élections impérialistes du 14 octobre eurent, sur les élections impérialistes du 20 février 1876, une infériorité des plus marquées ; celles-ci avaient été obtenues sans le concours de l'administration et, dans bien des endroits, malgré l'administration ; les élections du 14 octobre, au contraire, ne purent échapper au discrédit que la candidature officielle entraîne après elle. Il n'y eut pas un député dont le mandat, acquis dans de pareilles conditions, n'eût perdu un peu de sa valeur ; ceux-là même qui avaient, dans leur département, la position électorale la mieux établie se sont vus dans la nécessité de démontrer que la protection du gouvernement n'avait été pour rien dans leur succès. Quoi qu'ils fassent, ils ne parviennent pas à faire entrer cette conviction dans tous les esprits. Ils regrettent certainement le temps où la résistance de leurs adversaires, ligués contre eux, donnait à leur élection un caractère de sincérité que nul ne songeait à contester et que beaucoup de conservateurs leur enviaient.

Voilà donc le parti de l'Appel au peuple confondu dans la disgrâce commune à tous les vaincus du 14 octobre ; le voilà exposé à toutes les récriminations , à toutes les revendications élevées par les vainqueurs. Les invalidations systématiques vont l'atteindre , elles atteindront indistinctement ceux qui ont recherché les affiches blanches et ceux qui les ont subies.

M. Rouher a risqué des démarches personnelles pour que le chef de l'Etat se tînt ferme sur les promesses qu'il avait faites, au cours de la période électorale, de n'abandonner jamais, ni les fonctionnaires qui l'avaient aidé, ni les électeurs qui avaient eu confiance en lui. M. Rouher sentait le danger où les circonstances plaçaient le parti de l'Empire ; il en était même à ce point troublé qu'il eût voulu rester dans le 16 Mai, lorsque ceux-là même qui l'avaient organisé trouvaient opportun d'en sortir ; il disait : « Nous y sommes entrés les derniers, nous en sortirons les derniers. »

Enfin, ce groupe de l'Appel au peuple qui, depuis sept ans, avait eu de si belles parties à jouer, qui, tantôt en exploitant habilement les ambitions de M. Thiers, tantôt en profitant des divisions et de l'impuissance des conservateurs, aurait pu rajuster peu à peu, dans le pays, les tronçons épars du dernier plébiscite, il s'est vu, un moment , réduit à l'unique et précaire espoir de considérer le Maréchal de Mac-Mahon comme sa ressource suprême. A l'exemple des royalistes et des fusionnistes, il a tendu vers lui des bras suppliants. Il ne s'est point retourné vers le pays ; il n'a su vraiment de quel côté se retourner ; il a regardé la République de Septembre s'établir sur les positions conquises et dresser les fourches caudines sous lesquelles il a défilé tristement, en compagnie de tous les vaincus de la dernière bataille.

Dans la succession d'aventures politiques qui se sont déroulées depuis la malheureuse guerre de 1870 et depuis le 4 Septembre, se résume la seule lutte vraiment sérieuse qui ait été engagée, la seule qui se soit livrée sur le terrain des faits et non sur le terrain des illusions, la lutte entre les deux démocraties, entre l'Empire et la République. L'Empire et la République seuls se trouvaient en état de retenir cette victoire et d'en user.

A l'heure qu'il est, beaucoup de personnes en France sont portées à croire que le parti vaincu, c'est le parti de l'Empire. Le parti de l'Empire aurait peut-être obtenu quelques avantages sur les monarchistes; mais il s'allie avec eux; il ne paraît pas les dominer, il paraît s'absorber en eux; il est, à son tour, absolument dominé par la République. Celle-ci, avec une patience et une adresse qui étonnent, a su, depuis sept ans, faire tourner à son profit les désastres publics, les discordes, les ruines qui nous ont accablés. Le mal auquel les républicains étaient étrangers, le mal qu'ils avaient eux-mêmes commis, leur ont également profité. Ils ont eu, comme l'Empire du 2 Décembre, l'art de transformer en gouvernement légal un ensemble de tentatives plus illégales les unes que les autres. D'une entreprise favorisée par les succès des ennemis du dehors, marquée, à ses origines, par les attentats les plus sévèrement qualifiés et dignes d'être punis, sans homme d'Etat éminent, sans homme de guerre, avec M. Gambetta pour orateur principal, les républicains ont fait sortir un ordre de choses auquel un Maréchal de France préside et qu'il ne pourrait lui-même supprimer.

Le parti de l'Empire, où en est-il?

Il a vu peu à peu le définitif se substituer au provisoire ; aux fatalités qu'il subissait, il a vu s'ajouter d'incessantes disgrâces. Ce qu'il a fait pour réussir a tourné à son détriment ; le 24 Mai a préparé la royauté ; du Septennat est sortie la République légale ; du 16 Mai a jailli un regain de vigueur pour la République. Ce qu'il a gagné dans les élections, le parti de l'Empire l'a perdu dans le Parlement.

A l'heure qu'il est, il nous semble plus délaissé qu'il ne le fut jamais ; le temps a un peu fatigué les dévouements ; la mort, la vieillesse, les besoins inexorables de la vie, ont jeté quelque désordre dans ses rangs. Personne n'a su lui créer de sérieux instruments de propagande ; il n'y a point de parti plus pauvre de journaux, plus dépourvu de tout. On pourrait aujourd'hui refaire l'enquête à laquelle donna lieu, en 1874, la découverte du papier Girerd, on constaterait, d'un côté, un fonds de grandes déceptions, de grandes rivalités, de grandes misères, de l'autre, on verrait une certaine catégorie d'impérialistes heureux de jouer, dans l'une ou l'autre des deux Chambres, un rôle qui suffit à leur modeste ambition.

Le parti de l'Empire, sauf de rares exceptions, n'a plus les apparences d'un parti militant ; il y a lieu de se demander sur quels hasards, sur quels intérêts et sur quelles personnalités on peut encore fonder l'espoir d'une restauration de Napoléon IV.

Si l'on considère que cette restauration puisse intéresser le salut de la France, il importe de la chercher dans des procédés et dans des concours tous différents de ceux qui, jusqu'à présent, ont été employés. C'est une affaire à reprendre en sous-œuvre.

Pour quelques esprits qui se croient très pratiques et très raisonnables, la seule manière de restaurer l'Empire consiste à former peu à peu, avant 1880, une majorité parlementaire chargée de procéder à la révision de la Constitution républicaine, dans l'intérêt d'une restauration bona are. S'il est vrai, comme on le croit généralement, que cet événement soit subordonné à un retour de la volonté populaire vers les institutions impériales, il ne saurait être, dès à présent, considéré comme prochain. Il est soumis à des faits et à des circonstances qui ne dépendent ni du bon vouloir ni de l'habileté des impérialistes. On peut admettre effectivement telles circonstances qui changent subitement l'engouement dont un grand nombre de Français se sent animé aujourd'hui pour la République; par des conflits qui armeraient sans cesse les uns contre les autres les pouvoirs publics, par la difficulté bien démontrée de faire fonctionner la constitution républicaine, il pourrait arriver, un jour, que la nation perdît ses illusions sur le régime actuel.

Dans cette hypothèse, il faudrait encore tenir compte des obstacles constitutionnels que rencontrerait un mouvement d'opinion vers les institutions impériales. Les choses sont arrangées de telle manière que la volonté nationale ne peut plus se faire jour, si ce n'est dans les élections sénatoriales qui auront lieu en 1879.

Or, il n'y aura jamais, à cette époque, que le tiers des sénateurs à élire; en admettant qu'ils soient tous choisis dans le courant le plus favorable à l'opinion bonapartiste, celle-ci sera encore en minorité considérable dans le Congrès qui, en 1880, est appelé à réviser la Constitution. Il ne faut pas perdre de vue que la majorité républicaine de la Chambre des députés, réunie à l'imposante minorité républicaine du Sénat, forme, dès à présent, un appoint de près de 500 voix dans un Congrès de 800 membres, et que si l'on ôtait, de cette majorité de 100 membres environ, les 75 sénateurs que les élections de l'année prochaine peuvent retirer à l'opinion républicaine, il resterait toujours à celle-ci 425 voix au moins, contre 400 voix que réuniraient à peine les conservateurs du Sénat et de la Chambre des députés. Il importe de considérer aussi que tous ces conservateurs sont bien éloignés de vouloir contribuer à une restauration impériale. Il y a tels légitimistes, tels fusionnistes, tels hommes passionnés et exclusifs du centre droit, constitutionnels ou autres qui ne prendront jamais un tel parti.

De ces calculs et de ces observations on peut conclure que, si les événements suivent un cours régulier et normal, les dispositions que pourrait éprouver le pays à revenir à la démocratie impériale seraient arrêtées par des obstacles insurmontables. Il n'aurait d'autre ressource que de voir, après les élections sénatoriales, le Président de la République reprendre l'usage du droit de dissolution et se servir de l'accroissement de forces conservatrices acquises par le Sénat, pour tenter, avec plus de succès qu'il ne l'a fait en 1877, l'épreuve d'une consultation du suffrage universel.

Tel serait donc, au gré du plus grand nombre de ses amis, le meilleur moyen qu'aurait le Prince Louis-Napoléon Bonaparte de reprendre possession du trône paternel.

Il ne paraît pas que beaucoup de gens lui donnent le conseil de le revendiquer par quelque manœuvre insurrectionnelle ou par la force des armes. Ce qui devrait rendre inefficace un semblable moyen de restauration, ce serait la difficulté de trouver dans l'armée un concours suffisant, et dans la population cette neutralité qu'elle a pratiquée, le 2 Décembre 1851, lorsque le chef de l'Etat jugea qu'il importait, au salut du pays, de mettre fin à l'anarchie républicaine. Il ne nous appartient pas de préjuger de telles affaires; par leur nature, elles échappent à la compétence de l'écrivain politique, qui ne peut raisonner que sur les données légales et dont les prévisions se doivent toujours régler sur la marche logique et correcte des faits.

De toute façon, de quelques projets, de quelques illusions qu'il se nourrisse, le Prince impérial est aujourd'hui en présence d'une réalité : il est en exil et la République s'est installée au sein d'une nation dont l'Empire eut si longtemps les faveurs. Cette situation est bien faite pour donner aux fils de Napoléon III l'assurance que, jusqu'à ce jour, sa cause n'a pas été bien servie, non par défaut de bonne volonté, mais par défaut de prévoyance, par défaut de direction, par défaut de discipline et surtout par défaut de doctrine.

Les Français sont ainsi faits qu'il leur faut toujours que'qu'un à aimer ; depuis la mort de l'Empereur, beaucoup d'impérialistes se retournaient complaisamment vers le jeune Prince qu'ils avaient connu tout enfant; ils se le représentaient, au physique et au moral, sous les traits les plus flatteurs et les plus agréables. Avec une bonne volonté extrême, des écrivains de ce parti, s'aidant de quelques petits faits biographiques, littérairement amplifiés, ont donné un caractère à la physionomie du Prince impérial; ils ont complété fort bien l'œuvre de la photographie; ils sont parvenus, sans beaucoup de peine, à persuader aux partisans de l'Empire que, sous l'aimable écolier de Woolwich, se cachait un homme. Cette douce assurance pénétra d'autant plus facilement dans les esprits que le

Prince était dans un âge où l'enfant est dispensé de donner autre chose que des espérances. Il en donnait alors de fort belles. La malveillance de quelques feuilles acharnées après le régime impérial n'épargnait ni les épigrammes cruelles, ni la calomnie pour étouffer, dans son germe, le mouvement sympathique que faisaient naître déjà les panégyristes du jeune Prince. De tous côtés, on se plaisait à dire : « Nous aurons là un Empereur ; il saura se montrer dès qu'il aura ses vingt ans. »

Les vingt ans ont sonné, et même deux années de plus. Cette foi dans le fils de Napoléon III ne peut se soutenir désormais qu'à la condition d'être justifiée par des actes et par une intervention directe du Prince dans les affaires politiques. Il a ses deux majorités bien sonnées : la majorité dynastique et la majorité civile. S'il appartenait à une famille bourgeoise, à l'heure qu'il est, Louis-Napoléon Bonaparte serait émancipé ; il porterait l'uniforme du soldat ; il aurait toute la responsabilité de ses actes, des devoirs déjà graves à remplir et des droits à exercer. Un jeune homme, à vingt-trois ans, compte déjà dans le monde ; il a les amis qu'il mérite d'avoir et les ennemis auxquels tout honnête homme peut prétendre. A plus forte raison, un Prince qui a reçu une éducation privilégiée, à qui les grands exemples et les grandes leçons ont dû communiquer une maturité précoce, doit-il être en état, à l'âge où il pourrait régner, de diriger lui-même son parti. Nous pensons que le moment est passé pour lui de paraître subir une tutelle, et qu'il n'en pourrait subir plus longtemps sans faire douter de ses capacités.

Il n'a point de raisons pour se conduire autrement envers ses partisans que ne le font les autres prétendants. Le comte de Chambord et le comte de Paris n'ont personne, en France, qu'ils chargent de régler leurs amitiés. de mesurer leur reconnaissance, d'inspirer leurs actes ou leurs paroles, de rédiger leurs lettres. Ces princes ne perdent point de vue leurs amis ; il les aiment, les attirent et les retiennent par des témoignages sans cesse renouvelés de leur sollicitude et de leur estime.

Quel besoin, d'ailleurs. a le Prince impérial de l'exemple des autres prétendants ? Il n'est pas sans savoir que l'Empereur, son père, alors qu'il subissait, dans l'exil, des disgrâces plus cruelles que les disgrâces dont souffre son fils, n'usait point d'intermédiaires pour traiter avec ses amis. Il prenait un soin particulier à leur montrer quel prix il mettait à leur concours ; il s'attachait à eux et il les attachait à lui par des liens indissolubles ; c'est grâce à l'influence personnelle qu'il sut exercer sur ses partisans, qu'il parvint à leur communiquer cette foi robuste dans sa destinée et ce zèle persévérant qui leur faisaient braver tous les périls. Il est impossible que le fils de ce souverain n'ait pas compris déjà tout l'avantage qu'il pourrait retirer d'une conduite inspirée des exemples de son auguste père.

S'il se décidait à prendre une détermination que son âge, son devoir et les intérêts de son parti lui prescrivent, le Prince impérial ne déposséderait, en réalité, personne. Le groupe de l'Appel au peuple a bien un chef nominal ; il n'a point de chef réel. M. Rouher ne commande à personne ; il est le plus éminent orateur du groupe ; il est le plus versé dans les questions politiques et dans les questions d'affaires ; mais il voit à chaque instant son autorité méconnue par les uns ou par les autres. Il est donc urgent que la direction du parti de l'Empire soit reprise dès aujourd'hui par le Prince, qui seul est en situation de le maintenir dans un programme uniforme et fidèlement observé. Cependant, s'il veut que cette autorité soit réelle et corresponde au rang élevé de celui qui l'exerce, le Prince Louis-Napoléon ne doit pas se tenir seulement à une sorte de règne nominal sur ses partisans ; il a une grande preuve de capacité et de force à donner en rétablissant l'union dans son parti et l'union dans sa famille.

Ce n'est peut-être pas ici le lieu d'indiquer comment celui qui aspire à recueillir l'héritage politique de la dynastie des Bonaparte pourrait s'y prendre pour fonder l'union dans son parti.

Toutefois, il y a des principes fixes autour desquels tous les adhérents du parti de l'Empire peuvent se grouper, et dont leur Prince peut se servir pour établir, parmi eux, un lien obligatoire. Le jour où l'on est allé, en Angleterre, fêter sa majorité, il a trouvé l'heureuse formule du dogme napoléonien : *Tout pour le peuple et par le peuple*. Il semble qu'en se tenant à cette devise, les impérialistes peuvent éviter des dissidences trop apparentes et ne point se laisser confondre, comme ils le font trop souvent, tantôt avec les partisans de la monarchie légitime, tantôt avec les partisans d'une République de droit divin. Si l'on écoute leurs déclarations, les impérialistes sont unanimes à ne vouloir rien faire que par le peuple et pour le peuple ; mais leurs actes trahissent quelquefois des préoccupations et des soucis que l'intérêt démocratique ne semble point inspirer. Le rôle du Prince devrait être de prévenir ces écarts et de prescrire à tous ses amis, aussi bien à ceux qui parlent à la tribune qu'à ceux qui écrivent dans le journal, la conduite à observer dans des circonstances décisives.

Il est certain que, pour introduire l'union dans son parti, le fils de l'Empereur Napoléon III aurait bien plus d'autorité s'il parvenait d'abord à faire accorder les membres de sa famille. C'est un malheur dont tous les vrais amis de la dynastie gémissent que, dans la maison des Bonaparte, les douleurs de l'exil, bien loin d'apaiser les querelles, n'aient fait que les activer et les rendre visibles à tout le monde.

On ne peut se défendre de remarquer que cette famille a choisi, pour se diviser profondément, le moment où la famille de Bourbon a cherché le moyen de se réconcilier et a voulu effacer, pour y parvenir, des attentats autrement sérieux que tout ce que l'Impératrice, son fils et leur parent peuvent avoir à se reprocher. Le public ne se préoccupe guère de rechercher de quel côté sont les torts; il ne sait qu'une chose, c'est que la famille impériale a tort de n'être pas unie.

Si donc le parti de l'Empire veut se relever dans ce pays, s'il veut se préparer à recueillir l'héritage du régime actuel, que diverses circonstances peuvent rendre vacant, il importe que le Prince impérial se montre, qu'il s'affranchisse, et qu'après avoir pris une attitude virile vis-à-vis des siens, il leur apprenne à se conduire à l'égard de la République.

Il ne sera jamais donné au fils de l'Empereur Napoléon III de revenir d'Egypte; il n'est pas même, en situation d'être porté, comme son père, par le suffrage populaire, à la magistrature suprême de la République. En est-il moins tenu, s'il veut que sa personnalité ressorte avec quelque sympathie aux yeux de la masse électorale, de préparer sa destinée d'après les procédés mis en honneur par ses deux prédécesseurs ? Ceux-ci se sont placés du côté du peuple, c'est-à-dire du côté de la République. En France, le peuple a pris l'habitude de se jeter de ce côté-là. Bonaparte, sortant des écoles, enrôlé dans les armées, était aussi bon républicain que peuvent l'être aujourd'hui le général Billot, le général Guillemaut et le colonel Denfert-Rochereau. En même temps que l'Empire jaillissait par un effort naturel des flancs déchirés de la République, Napoléon jaillissait de Bonaparte. En 1848, le prince Louis-Napoléon qui avait eu l'idée, à Boulogne et à Strasbourg, de reprendre le procédé de restauration impériale au retour de l'île d'Elbe, apprit, à ses dépens, qu'il fallait, pour réussir, remonter beaucoup plus haut : il remonta jusqu'au Consulat, et se mit ainsi en position de saisir une couronne qui, jusque-là, s'était tenue hors de sa portée.

Le successeur éventuel de ces deux souverains a donc sa ligne de conduite toute tracée ; à la distance où les malheurs de sa famille et les malheurs de la nation l'ont jeté du trône paternel, il ne peut rien attendre que d'un hommage complet et effectif rendu à la volonté nationale. De qui donc, si ce n'est de la volonté nationale, le Prince impérial peut-il obtenir l'oubli des fautes commises, des catastrophes terribles dont toute la responsabilité, nous le savons bien, n'est pas imputable aux hommes du 4 Septembre ? De qui le Prince impérial peut-il espérer ce retour de fortune qui lui permettra de reprendre son rang de citoyen, son rang de soldat et les droits auxquels sa qualité de Français lui permet de prétendre ?

Ces avantages, assurément, ne lui viendront jamais de la générosité des différents groupes du parti conservateur avec lesquels, jusqu'à ce jour, ses amis ont pactisé.

Il n'y a point sujet d'espérer que les Bourbons ou les d'Orléans lui abandonnent jamais la France ; parmi les alliés avec lesquels on l'a compromis, il n'en est pas un seul qui ne soit plus disposé à nous livrer à toutes les formes de République, qu'à nous laisser retomber entre les mains de l'Empire. Il n'y a donc, pour le fils de Napoléon III, qu'un intérêt à considérer, qu'un devoir à remplir ; il n'y a qu'une seule tradition qu'il lui soit utile de reprendre : il est républicain de naissance, du moins par ses ascendants paternels ; en se mettant résolûment à la tête de son parti, que peut-il faire de mieux que d'inviter tous les siens à s'incliner devant le gouvernement que la nation paraît résolue à se donner ?

Il est d'une bonne politique de se garder du reproche que les républicains ont, un jour, encouru. De quels arguments ne les accablait-on pas lorsque, rebelles à la voix du plébiscite, ils poursuivaient le régime impérial de leurs haines et de leurs complots? On leur disait qu'ils professaient une fausse démocratie, qu'après avoir proclamé le principe de la souveraineté du peuple et inventé les premiers la forme plébiscitaire, ils reniaient tout leur système, subordonnant leur obéissance et leur hommage à la satisfaction de leurs désirs.

De même que, sous l'Empire ouvert, on pouvait exiger des républicains qu'ils reconnussent le régime issu du suffrage universel, de même, sous cette République hospitalière, des ministres ne seraient point trop sévères s'ils exigeaient que les impérialistes, conséquents avec eux-mêmes, donnassent aux républicains ce grand exemple de résignation démocratique qui consiste à ne point abandonner un principe alors même qu'il ne s'applique pas à leur gré.

Dans cet ordre d'idées, la logique et l'abnégation du parti de l'Appel au peuple ne doivent point céder à des subtilités. Que si les républicains entendent qu'en élisant trois Assemblées, l'une à Bordeaux en 1871, les deux autres à Versailles en 1876 et en 1877 ; que si, en faisant élire soixante-quinze sénateurs inamovibles et deux cent vingt-cinq sénateurs renouvelables, ils pensent avoir fait intervenir le pays, à un degré suffisant, dans l'organisation des pouvoirs, il n'y a aucun intérêt actuel ni aucune raison de droit public à invoquer contre cette théorie ; il convient d'être large avec le suffrage universel, de lui rendre hommage dans ses moindres manifestations, alors surtout qu'il n'existe aucun moyen légal d'obtenir de lui des manifestations différentes.

Ne serait-ce point, d'ailleurs, une imprudence, à l'heure qu'il est, de poser en principe que la volonté populaire ne se puisse exprimer que dans une seule forme ? Aujourd'hui, le plébiscite nous sourit ; qui nous peut assurer que demain la consultation du pays, par voie d'élection, ne nous sera point favorable? Ce qui est absolu, ce n'est pas la forme que prend, pour se manifester, la volonté populaire, c'est le principe même de la volonté populaire. De sages esprits doivent croire que rien n'est plus difficile et plus périlleux, pour la cause de l'Empire et pour l'avenir de la démocratie, que de vouloir faire accorder la reconnaissance du droit national avec une résistance à des manifestations répétées du suffrage universel.

Il ne faut pas se dissimuler cependant qu'en rapprochant ses partisans et en se rapprochant lui-même d'une République révolutionnairement fondée, mais légalisée par les Assemblées de la nation, le représentant de la cause impériale est fort exposé à ce que, par le fait même de sa soumission, cette République se consolide et devienne de plus en plus agréable au pays. Aux yeux de quelques-uns même, cette perspective paraît la plus probable. Qu'a-t-elle de plus effrayant, pour des impérialistes, que la perspective si allègrement entrevue d'une restauration monarchique? Le droit démocratique d'où ils procèdent, le suffrage universel qui fut leur berceau, seraient-ils moins observés par la consolidation du régime républicain qu'ils ne l'eussent été par le rétablissement de la dignité et des prérogatives royales? Ceux qui se seraient résignés à une combinaison politique qui eût pour bien longtemps compromis leur principe, ne peuvent-ils accepter un état de choses où leur cause ne sombre qu'à demi et où leur principe surnage?

Si les esprits étaient libres de préjugés, et si la démocratie était mieux comprise et mieux définie qu'elle ne l'est en France, au temps actuel, il ne devrait pas être plus pénible à des impérialistes de vivre en République qu'à des républicains de vivre sous un Empereur. Il y a des rapprochements de mots qui choquent, en ce moment, les oreilles, et qui les choquaient beaucoup moins, à l'époque glorieuse du Premier Empire ; on eût dit alors volontiers : « La République impériale ou l'Empire républicain. » Ces associations de mots et d'idées ne seraient pas plus incorrectes aujourd'hui qu'elles ne le furent jadis ; ce sont des malentendus volontaires et un certain fanatisme politique qui altèrent toujours les doctrines et font dévier le langage.

Une autre considération à faire valoir auprès des impérialistes et qui peut surtout toucher l'âme si française du jeune Prince impérial, c'est que, si le concours sincère apporté par les partisans de la démocratie na-

poléonnienne à l'œuvre de la démocratie républicaine raffermit celle-ci, ce sera la preuve que la nation
a sujet de se féliciter du gouvernement actuel; ce sera la
preuve que la République a obtenu toutes les conditions
de liberté et d'ordre public dont elle poursuit la réalisation. Si la République dure, ce sera la preuve que le
peuple est au comble de ses vœux, que le travail et le
bien-être ne lui manquent pas, que les salaires sont
maintenus à un taux rémunérateur, que la moralité
des masses est au niveau de leur prospérité, que les
grandes entreprises industrielles et commerciales ont
repris leur développement régulier, que l'agriculture
trouve, comme autrefois, le placement facile et avantageux de ses produits, que le capital et la propriété jouis-
sent de toutes les garanties désirables.

Comment la République pourrait-elle conserver la
faveur dont elle paraît jouir en ce moment si, sous
cette forme de gouvernement, la France ne se trouvait tranquille au dedans, honorée et relevée au dehors ?

Et dans quelles conditions plus favorables la République pourrait-elle entreprendre le bonheur de la
nation ? Elle est plus maîtresse de la France qu'elle ne
le fut jamais ; les partis monarchiques se sont dissous ;
par les résistances honorables de leur Prince, les royalistes semblent avoir perdu toute chance de ressaisir le
gouvernement ; la fusion a coupé l'orléanisme en deux
tronçons, dont l'un s'est perdu dans la République, dont
l'autre a fait retour à la légitimité. Les impérialistes
sont restés en minorité dans le Pays et dans le Parlement. Que peut désirer de mieux, pour le facile accom-
plissement de sa mission, un régime nouveau ? Si ce
n'était les dangers extérieurs eux-mêmes, dont la menace

trouble encore les esprits, la République se pourrait
épanouir en toute liberté au sein d'un pays exempt de
complots et avide de travail.

Une pensée unique nous domine en ce moment, la
France a convié tous les peuples à une Exposition univer-
selle ; il n'y a pas d'intérêt politique capable de détourner
les Français des soins et des devoirs que cette solennité
leur prescrit ; le patriotisme, l'amour-propre national les
amène naturellement à suspendre leurs querelles ; pour
éviter tout prétexte de conflits, le Parlement va inter-
rompre ses séances ; les ministres et le chef de l'Etat ne
seront occupés que de faire les honneurs de Paris aux
étrangers attirés par les promesses de l'Exposition et par
la curiosité de constater eux-mêmes cette singulière
vitalité de la France, dont les désastres, les discordes, les douleurs nationales n'ont pas empêché le développement artistique et industriel. Tout le monde
va s'unir pour favoriser cette démonstration, et c'est
encore la République qui recueillera tous les profits de
cet accord patriotique ; elle aura le droit de prendre à
son actif la tranquillité, la prospérité dont le pays jouira,
les hommages qui lui seront rendus de tous côtés et les
splendeurs magnifiques dont la capitale se sera parée.
Quel est le régime qui, après s'être imposé à un pays
au milieu des plus terribles catastrophes, a eu la chance
de forcer le patriotisme de lui rendre les armes ?

Si donc il voit la France satisfaite, s'il la retrouve, en
1878, dans l'état où elle avait été vue en 1867, si tout le
programme impérial des réformes politiques, économiques, sociales est largement appliqué, et si les intérêts
conservateurs sont aussi bien sauvegardés sous la présidence d'un simple citoyen qu'ils pourraient l'être sous
le règne de César, que pourra désirer de plus un parti

qui se flatte, avec raison, de tout sacrifier à l'intérêt et à la volonté de la nation ?

Nous avons encore présent à l'esprit le langage que, dans les meilleures années du règne précédent, alors que la patrie était tranquille et heureuse, on tenait à ces républicains obstinés qui refusaient de désarmer devant ce qu'ils appelaient le régime du 2 Décembre ; on leur disait que, s'ils eussent gardé le pouvoir, ils n'eussent point traité la nation mieux que l'Empire ne la traitait. S'appuyant sur la constatation évidente des réformes accomplies, des progrès réalisés, de l'intervention opportune de la France en faveur de l'indépendance des peuples auxquels les républicains s'étaient toujours intéressés, les avocats du régime déclaraient anti-patrioque une opposition que des considérations de principe et d'intérêt public ne pouvaient elles-mêmes arrêter.

Que de fois n'avons-nous pas entendu jeter au visage de ceux qui se posaient en *irréconciliables*, cette parole menaçante : « Vous êtes des factieux ! » Il est de l'intérêt des impérialistes de prendre garde aujourd'hui à ne point se mettre dans le cas des *irréconciliables*, à ne point faire souffrir le pays d'une opposition stérile et injustifiable et à ne point s'exposer à être jugés eux-mêmes aussi sévèrement qu'ils jugeaient les autres.

Toutefois, ce serait aller bien au delà de la pensée politique que nous nous efforçons de traduire que d'y voir une intention dont les intérêts conservateurs pussent prendre ombrage. S'il est utile aux impérialistes de rompre avec les partis qui s'appellent conservateurs, il ne s'ensuit point qu'ils doivent rompre avec les intérêts conservateurs. Il y a, dans la majorité républicaine, telle que la constituent aujourd'hui les diverses aggrégations parlementaires sorties des dernières luttes électorales, un noyau de révolutionnaires qui ne peuvent avoir avec les impérialistes que des rapports de continuelle et implacable hostilité; il y a là des gens et des systèmes que tout parti de gouvernement est tenu de combattre.

La mise en pratique de la réconciliation qu'il nous semble opportun d'opérer serait précisément dans une manœuvre parlementaire dégageant le ministère actuel de l'action trop prépondérante que les fractions avancées de la gauche exercent sur lui. Ce serait peut-être une grande erreur de croire que le cabinet du 13 décembre, malgré la majorité de 350 voix qui a salué son installation, se trouve dans une bonne assiette; composé des hommes les plus modérés et les mieux intentionnés qu'il y ait dans le parti républicain, il est soumis à la surveillance inquiète et tyrannique des radicaux et n'est pas même très sûr de n'avoir point, dans les centres, des amitiés suspectes et intéressées. Ce ministère, qui semble s'appuyer sur une puissante majorité parlementaire, a été tenu, jusqu'à la semaine dernière, au régime des douzièmes provisoires; on lui a marchandé la confiance avec une persistance injurieuse. Il court le risque, en ne résistant pas aux tendances libérales des uns, de favoriser les tendances révolutionnaires des autres; il a, d'un côté, le radicalisme qui le presse, d'un autre côté l'orléanisme qui l'envahit doucement et M. Gambetta qui le domine.

Il n'est point douteux que cette situation parlementaire ne soit susceptible de certaines améliorations. Le cabinet doit chercher à s'affranchir. Il ne doit pas agréer extrêmement à M. Dufaure et à M. de Marcère de n'exercer le pouvoir que pour préparer l'avénement de

M. Gambetta ou d'un prince à la présidence de la République ; ils pensent qu'ils pourraient avoir une plus utile mission à remplir et une plus haute destinée.

Ce ne serait donc pas une entreprise dépourvue de patriotisme ni d'opportunité que de jeter tout à coup dans le plateau de la balance parlementaire où se trouve le cabinet tout le poids des forces plébiscitaires ; ce serait tirer la République à soi, la délivrer du radicalisme, l'enlever pour toujours à l'orléanisme et préserver l'avenir de la présidence imminente de l'ancien dictateur de Tours et de Bordeaux.

Nous nous tromperions fort si une pareille évolution du parti de l'Appel au peuple ne servait pas mieux ce qu'il est convenu d'appeler les intérêts conservateurs, que ne l'ont fait toutes les alliances où notre malheureux parti s'est laissé entraîner jusqu'à ce jour. Il n'est point douteux non plus que, s'il voulait marquer son entrée dans la vie politique par un pareil hommage rendu aux majorités électorales de 1876 et de 1877, le Prince impérial pourrait dégager la France d'un grand péril ; il se rapprocherait réellement, cette fois, du courant national; il s'ebrouillerait irrévocablement avec les partis dynastiques, dont il n'a rien à attendre, mais il réconcilierait sa cause avec le suffrage universel, dont il a tout à espérer.

Si ces réflexions et ces critiques arrivent jusqu'à lui, qu'il considère qu'elles sont inspirées par un grand respect pour sa personne et par un grand désir d'éviter les dangereuses illusions qui, jusqu'à présent, ont fait trop souvent jouer au parti de l'Empire un rôle indigne de son passé et de sa mission dans l'avenir.

Le prince Louis-Napoléon est le fils de celui qui,

se croyant, un jour, un sujet de discorde, écrivait au président de l'Assemblée nationale de 1848 : « Mon nom » est un symbole d'ordre, de nationalité, de gloire, et » ce serait avec la plus vive douleur que je le verrais » servir à augmenter les troubles et les déchirements » de la patrie. Pour éviter un tel malheur, je resterais » plutôt en exil. Je suis prêt à tous les sacrifices pour » le bonheur de la France. » — Le prince Louis-Napoléon n'est-il pas le fils du souverain qui, à la dernière heure de son règne, n'hésita pas à sacrifier sa liberté personnelle, son trône, sa dynastie à ce qu'il croyait être l'intérêt de la France et le salut de l'armée ?

Il ne nous importe plus, aujourd'hui, seulement de savoir que l'Empire a un représentant de l'autre côté de la mer ; il nous importe que la France, après huit années de luttes et d'épuisement, reprenne une situation normale, si ce n'est avec le gouvernement qu'elle aurait dû conserver, du moins avec le gouvernement qu'elle a voulu se donner en vertu du droit que nous lui avons reconnu. Il ne s'agit point de ce que nous aimons, ni de la forme de gouvernement, ni de ce qui doit nous procurer le plus d'avantages personnels ; il ne s'agit ni de nos sympathies, ni de nos répugnances, ni de nos regrets, ni de notre dévouement ; il s'agit d'une pauvre et belle nation qui dépérit, qu'il faut relever, soutenir, consoler, qu'il faut aimer surtout, et d'autant plus ardemment qu'elle a été, jusqu'à ce jour, plus affligée et plus endommagée par ceux qui ont la noble ambition de la servir. Ce qu'il ne faut pas perdre de vue, aux heures critiques que nous traversons, c'est que cette nation en péril, fidèle à son passé, se confiera toujours plus volontiers à ceux qui lui auront obéi qu'à ceux qui lui auront résisté.

Il nous reste encore un mot à dire. Le 4 Septembre 1870, lorsque nous vîmes le suffrage universel outragé et le principe démocratique de la souveraineté nationale violé, nous nous détournâmes des hommes qui commirent cet attentat et de la République illégale qu'ils imposèrent à la France. Le régime tombé, Napoléon III méconnu, trahi, maltraité de ceux-là même qu'il avait comblés de faveurs, la famille impériale exilée, eurent les témoignages de notre respect et de notre dévouement. Nos répugnances, nos sympathies n'ont subi aucun changement ; mais, si le pays, pardonnant les usurpations, oubliant même les crimes de la Commune, entend se confier à la République, il nous paraît obligatoire de se résigner à cette volonté, de la seconder au besoin pour éviter que la France ne soit entraînée en de nouveaux malheurs.

De même que, pour se rallier à l'Empire renversé sans le consentement de la nation et par des procédés antipatriotiques, l'auteur de cet écrit n'a pris l'avis de personne ; de même, pour se décider à ne plus troubler le fonctionnement d'un régime nouveau, ratifié par deux votes populaires, il ne s'inspire que de sa conscience ; — il ne parle qu'en son nom.

Paris, le 30 mars 1878.

Paris. — Imp. Kugelmann, 12, rue Grange-Batelière.